LEÇONS
DE CHANT

TIRÉES

DES COURS DU COLLEGE STANISLAS

PARTIE ÉLÉMENTAIRE

THÉORIQUE ET PRATIQUE

A LA PORTÉE DES FORTES VOIX

Prix net : 2 fr., cartonné

PARIS

AU MAGASIN DE MUSIQUE CHEZ Vᵉ BLANC

48, RUE SAINT-PLACIDE

1876

CHAPITRE 1ᵉʳ

1. Il y a en musique sept noms de notes pour exprimer tous les sons.

UT ou DO, RÉ, MI, FA, SOL, LA, SI.

2. Ces notes forment une série régulière et peuvent se succéder d'une manière indéfinie dans le même ordre.

Do, ré, mi, fa, sol, la, si;   Do, ré, mi, fa, sol, la, si;   Do, ré, mi, fa, sol, la, si. etc.
1ʳᵉ série.   2ᵉ série.   3ᵉ série.

3. Les signes visibles des sons sont des points appelés notes, que l'on place sur les lignes ou dans les lignes dont l'ensemble prend le nom de PORTÉE.

PORTÉE.

4. On peut écrire des notes au-dessus et au-dessous de la portée par le moyen de petites lignes, appelées LIGNES SUPPLÉMENTAIRES.

5. Les notes n'ont une signification qu'au moyen des clés (figures), qu'on place au commencement de la portée. Les clés sont au nombre de trois, savoir:

La clé de SOL   qui se place généralement sur la 2ᵉ ligne;

La clé de FA   _ _ _   _   _   4ᵉ ligne;

La clé d'UT   _ _ _   _   _   1ʳᵉ, 2ᵉ et 4ᵉ ligne.

6. Chaque clé donne son nom à la note sur la ligne qu'elle fixe; toutes les autres notes prennent leur nom de ce point de comparaison.

7. Les clés de sol et de fa sont les plus usitées; la 1ʳᵉ s'emploie pour les sons aigus, et la seconde pour les sons graves.

La clé d'ut comprend les sons intermédiaires.

8. Pour étudier les notes sur une clé quelconque, il faut d'abord s'appliquer à connaître celles qui se posent sur les cinq lignes et dans les quatre interlignes.

ÉTUDE DES NOTES.

MÉLANGE DES NOTES. (LIGNES ET INTERLIGNES)

4

N.º 8.
Clé de FA.

N.º 9.
Clé de SOL.
avec quelques notes
dépassant la portée.

N.º 10.
Clé de FA.

N.º 11.
Clé de SOL.

4
5
6
7
8
9
N? 12.
Clé de FA.
1
2
3
4
5
6
7
8
9
N? 13.
Clé de SOL.
1
2
3
4
5
6
7
8
9
N? 14.
Clé de FA.
1
2
3
4
5
6
7
8
9

DE LA GAMME DIATONIQUE.

9. Les notes auxquelles on ajoute l'octave de la première, forment entre elles une succession à laquelle on donne le nom de GAMME DIATONIQUE.[*]

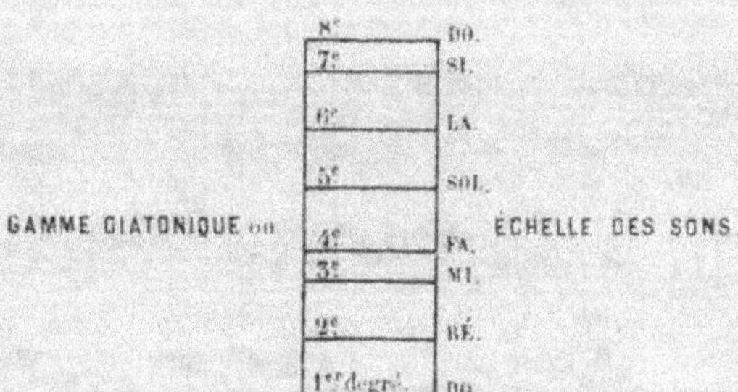

La figure ci-dessus, représentant les degrés naturels de la gamme, se traduit en notes sur la portée pour indiquer le degré d'élévation ou d'abaissement des sons qu'ils représentent.

10. Parmi les sept degrés diatoniques qui séparent les huit sons de la gamme, il y en a deux plus petits que les cinq autres; les grands se nomment TONS, et les petits, qui sont moitié moins grands, se nomment DEMI-TONS.

11. La gamme diatonique est donc une succession invariable de cinq tons et de deux demi-tons. Les DEMI-TONS sont toujours placés du 3° au 4° et du 7° au 8°, et les TONS entre les autres degrés.

12. La différence d'intonation qui existe entre deux sons consécutifs (qui se suivent) est désignée sous le nom d'intervalle diatonique.

[*] *diatonique* signifie par tons, en montant ou en descendant, et par demi tons consécutifs.

DES INTERVALLES SIMPLES.

13. On nomme INTERVALLE la distance qui sépare deux sons.

14. L'intervalle de SECONDE, le plus petit en musique, est l'unité constitutive de tous les intervalles. L'addition d'une nouvelle unité à l'intervalle de seconde forme l'intervalle de TIERCE, et, en ajoutant ainsi toujours une unité, on obtient les intervalles de QUARTE, de QUINTE, de SIXTE, de SEPTIÈME et d'OCTAVE.

15. L'intervalle se mesure généralement du grave à l'aigu, et c'est la distance de ce son qui donne le nom à l'intervalle.

16. La limite de la gamme présente sept intervalles qu'on nomme SIMPLES, et ceux qui la dépassent sont nommés REDOUBLÉS. Ces derniers sont la répétition des premiers à la seconde octave.

INTERVALLES SIMPLES.

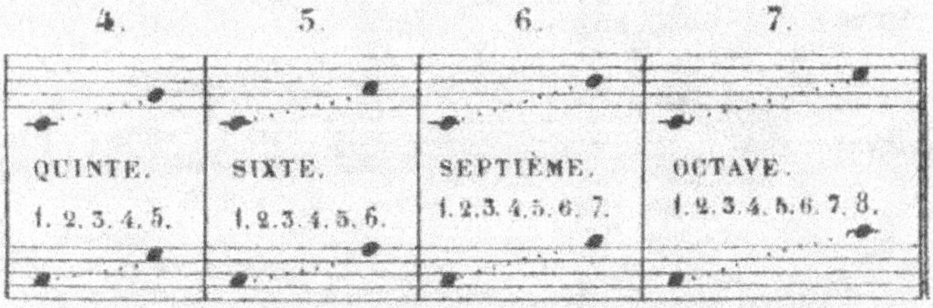

17. Les sept notes de la gamme peuvent devenir la base de chacun des intervalles.

(Les qualifications de majeur, de mineur, sont données aux intervalles suivant le nombre de tons et de demi-tons qui les séparent.)

SIXTES.

INTERVALLES REDOUBLÉS (dépassant l'octave.)

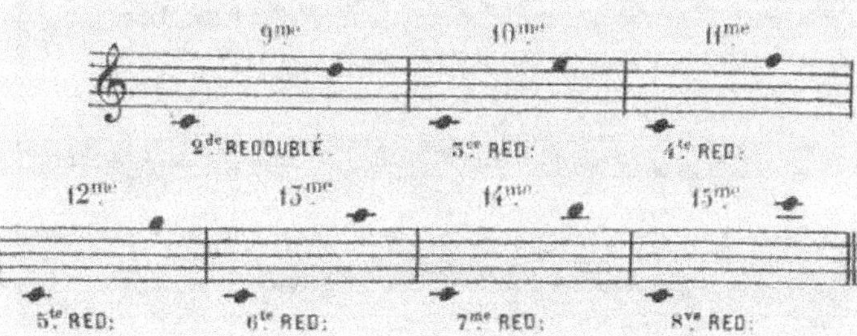

INTONATION OU PRÉPARATION VOCALE.

INTERVALLE DE SECONDE.

INTERVALLE DE TIERCE.

INTERVALLE DE QUARTE.

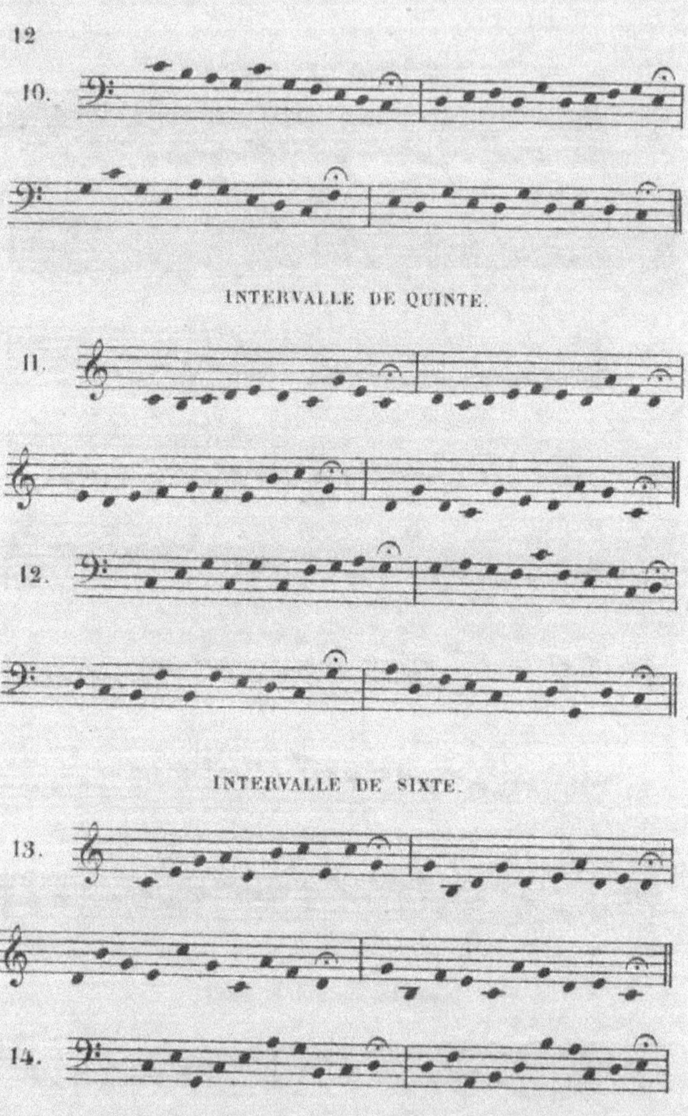
10.
INTERVALLE DE QUINTE.
11.
12.
INTERVALLE DE SIXTE.
13.
14.

INTERVALLE DE SEPTIÈME.

INTERVALLE D'OCTAVE.

RÉCAPITULATION.

1ᵉʳ QUESTIONNAIRE.

CHAPITRE 2.

Tableau des signes de durée,
18-19. avec leurs noms usuels, leurs figures et leur durées comparatives.

NOMS.	FIGURES.	DURÉES COMPARATIVES.
1. — RONDE	O	Unité principale ou note entière.
2. — BLANCHE		la Demie.
3. — NOIRE		le Quart.
4. — CROCHE		le Huitième.
5. — DOUBLE-CROCHE		le Seizième.
6. — TRIPLE-CROCHE		le Trente-deuxième.
7. — QUADRUPLE-CROCHE		le Soixante-quatrième.

20-21. La Ronde vaut 2 ou 4 ou 8 ou 16 ou 32 ou 64

La Blanche — 2 ou 4 ou 8 ou 16 ou 32

La Noire — 2 ou 4 ou 8 ou 16

La Croche — 2 ou 4 ou 8

La Double croche 2 ou 4

La Triple croche 2

22. Les SILENCES sont des signes qui expriment l'interruption du son pendant un temps déterminé. Il y a autant de silences que de notes, c'est à dire SEPT.

1.
2.
3.
4.
5.
6.
7.

TABLEAU DES SIGNES DES SILENCES

AVEC LEURS NOMS USUELS, LEURS FIGURES ET LEURS DURÉES COMPARATIVES.

NOMS.	FIGURES.	DURÉES COMPARATIVES.
PAUSE....... sous la ligne....		4.
DEMI-PAUSE... sur la ligne....		2.
SOUPIR........................		1.
DEMI-SOUPIR...................		$\frac{1}{2}$.
QUART DE SOUPIR...............		$\frac{1}{4}$.
HUITIÈME DE SOUPIR...........		$\frac{1}{8}$.
SEIZIÈME DE SOUPIR...........		$\frac{1}{16}$.

NOTES ET SILENCES CORRESPONDANTS.

	1.	2.	3.	4.	5.	6.	7.
Signes positifs.							
Signes négatifs.							

DE LA MESURE.

23. La MESURE est la division d'un morceau de musique en parties é-
gales.

24. On forme les mesures au moyen de barres verticales, qu'on appelle BARRES DE MESURES. L'espace entre les deux barres se nomme une
MESURE, laquelle se divise elle-même en parties égales qu'on nomme TEMPS.

25. Il y a, en musique, trois espèces de mesures:

La MESURE à 4 temps;

La MESURE à 3 temps;

La MESURE à 2 temps.

26. L'indication des trois mesures se fait par des chiffres, sous forme de fractions.

La mesure à quatre temps peut se chiffrer par $\frac{4}{4}$, mais généralement
on la fait figurer par un C. La mesure à trois temps se chiffre par la
fraction $\frac{3}{4}$, et la mesure à deux temps par la fraction $\frac{2}{4}$.

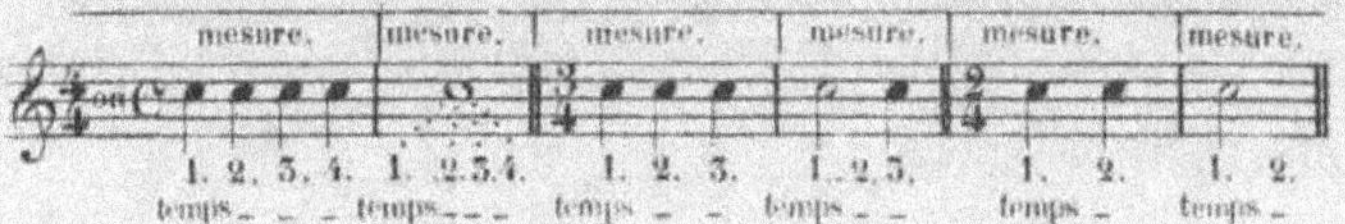

27. Les temps sont de deux sortes: ils sont FORTS et FAIBLES.

Dans la mesure à quatre temps, le 1er et le 3e sont forts, le 2d et le 4e
sont faibles.

Dans la mesure à trois temps, le 1er est fort, le 2d et le 3e sont faibles.

Dans la mesure à deux temps, le 1er est fort, le 2d est faible.

DIRECTION DES MOUVEMENTS
PAR LESQUELS ON BAT LES MESURES A DEUX, A TROIS ET A QUATRE TEMPS.

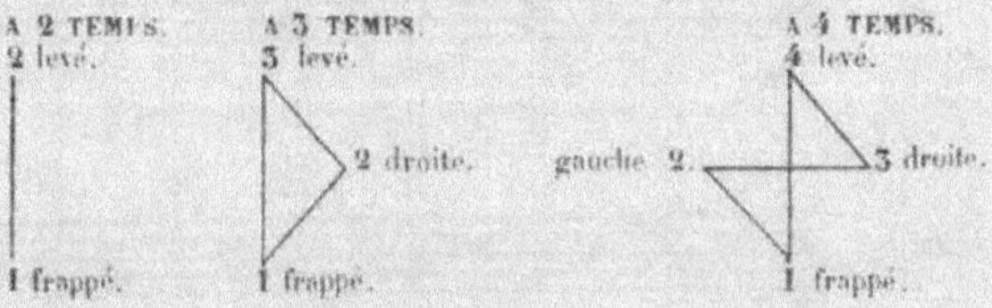

2 Le FRAPPÉ marque toujours le temps fort, de même que le LEVÉ
désigne toujours le temps faible dans les trois espèces de mesures.

DES DIFFÉRENTES PROPRIÉTÉS DES NOTES DE LA GAMME.[*]

30. Il y a, dans la gamme diatonique, une note prédominante, à laquelle toutes les autres sont subordonnées. Cette note, base de toutes les autres, c'est la première: on la nomme TONIQUE, parce qu'elle donne le ton et le sentiment du repos le plus absolu.

31. La note qui tient le second rang d'importance dans la gamme, est celle qui est placée sur le cinquième degré; on la nomme DOMINANTE, à cause de sa prédominance dans le chant, où elle établit un repos incident.

32. La note sur le 3° degré est appelée MÉDIANTE, en raison de sa position centrale entre la Dominante et la Tonique. Sa qualité est celle de déterminer le mode, en raison de sa nature mineure ou majeure.

33. La TONIQUE, la MÉDIANTE et la DOMINANTE forment par leurs combinaisons successives ou simultanées l'accord parfait, base de l'intonation.

34. Viennent ensuite les notes sur le 7° et sur le 4° degré. La première est nommée SENSIBLE, en raison de sa tendance attractive qui la porte vers la tonique, dont elle n'est séparée que par un demi-ton.

La seconde note (4° degré) est nommée SOUS-DOMINANTE, parce qu'elle se trouve placée au-dessous de la Dominante. Cette note tend à descendre sur la médiante, dont elle n'est séparée que par un demi-ton.

35. Les notes sur le 2° et le 6° degré n'offrent aucun caractère bien tranché.

Le 2° degré est nommé SUS-TONIQUE, ou simplement DEUXIÈME; le 6° degré est nommé SUS-DOMINANTE, parce qu'il est placé au-dessus de la Dominante.

[*] On traitera ce sujet, avec tous les détails qu'il comporte, dans le chapitre des modes.

36. La huitième note, c. à. d. l'Octave, a la même propriété que la 1re note.

1er degré.	2e	3e	4e
TONIQUE.	Sus-Tonique ou 2e	Médiante.	Sous-Dominante.

5e	6e	7e	8e
DOMINANTE.	Sus-Dominante ou 6e	Sensible.	Octave. Tonique supérieure.

37. La gamme entière peut être divisée en deux moitiés parfaitement semblables. Chacune de ces moitiés (qu'on nomme aussi demi-gammes) est formée de quatre sous conjoints:

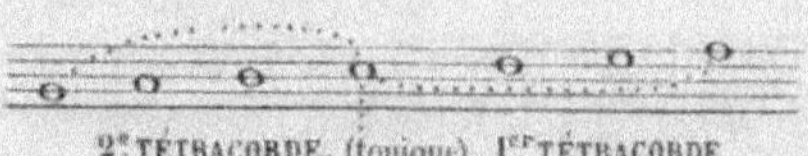

38. Ces tétracordes commencent chacun par les deux notes principales de la gamme, c. à. d. la TONIQUE et la DOMINANTE. Ils sont appelés DISJOINTS à cause de l'intervalle fa, sol (1 ton) qui les sépare, et, CONJOINTS, quand ils ont pour note commune la Tonique.

39. On peut aussi intervertir l'ordre des tétracordes, c. à. d. mettre le premier en place du second. Cette inversion offre de la variété avec les éléments d'une même gamme.

39. Toutes les notes de la gamme peuvent se présenter de trois manières:

NOTES DE REPOS, NOTES TRANSITOIRES et NOTES ATTRACTIVES

C'est dans cet ensemble que résident les lois qui régissent toute la tonalité (gamme).

tétracorde: tétra, quatre; chorde, corde.

2ᵉ QUESTIONNAIRE.

EXERCICES PRATIQUES D'INTONATION ET DE MESURE.

MESURE A DEUX TEMPS.

On répétera plusieurs fois les lectures rhythmiques avant de solfier les leçons mesurées.

A
N.º 3.
A
B

N.º 4.

LECTURES RHYTHMIQUES.

N.º 6.
A
B
C
N.º 7.
A
B
C

D
E
N.° 8.
A
B
C
D

28

S. 847.

N.º 10.

A
B
C
D
E

MESURE À QUATRE TEMPS.

LECTURES RHYTHMIQUES.

Nº 12.
A
B
C
Nº 13.
A
B

C
D
E
N.º 14.
A
B
C

N.º 16.
A
B
C
D
E

CHAPITRE 3.

NOTES NATURELLES. ALTÉRATIONS SIMPLES. ALTÉRATIONS DOUBLES. ENHARMONIE.
NOTES ENHARMONIQUES. GAMME CHROMATIQUE.
EXERCICES D'INTONATION SUR LE DIÈSE ET SUR LE BÉMOL.—

---

41. Les sept sons primordiaux, (principaux) auxquels on ajoute un huitième son qui n'est que la répétition du premier à l'octave supérieure, constituent la gamme naturelle, parce qu'elle est formée de notes qui n'ont subi aucune modification.

42. Chacun des sept degrés peut être modifié dans son intonation par l'emploi de signes, au moyen desquels une note exprime un son plus élevé ou un son plus grave que la note naturelle de la gamme. Le signe plus élevé que le son naturel est le dièse (♯), qui hausse d'un demi-ton l'intonation de la note devant laquelle il est placé, et le signe plus grave que le son naturel, est le bémol (♭) qui baisse d'un demi-ton l'intonation de la note devant laquelle il est placé.

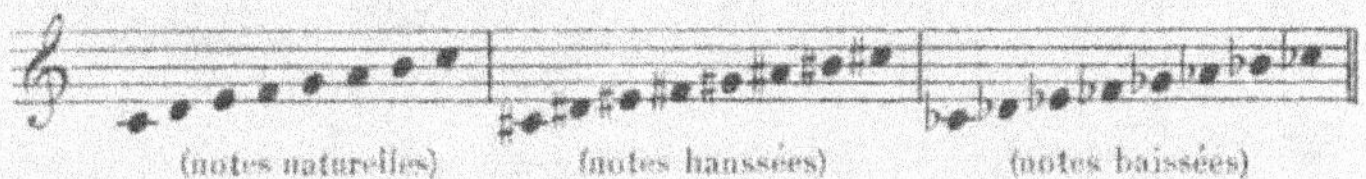

43. Pour ramener une note haussée ou baissée dans son état naturel, on se sert du BÉCARRE (♮) qui agit par demi-ton, comme le dièse et le bémol.

Le bécarre détruit donc l'effet du dièse et du bémol.

ALTÉRATIONS SIMPLES.

44. Les trois signes ♯, ♭, ♮ sont des SIGNES ALTÉRATIFS, et les notes devant lesquelles ils sont placés sont dites ALTÉRÉES.

45. Les cinq tons de la gamme diatonique peuvent être divisés en deux demi-tons au moyen du dièse de la note inférieure et du bémol de la note supérieure dont l'un, placé entre deux notes de noms et de sons différents, est appelé DEMI-TON DIATONIQUE, et l'autre, formé par deux notes de même son et de même position sur la portée, est nommé DEMI-TON CHROMATIQUE.

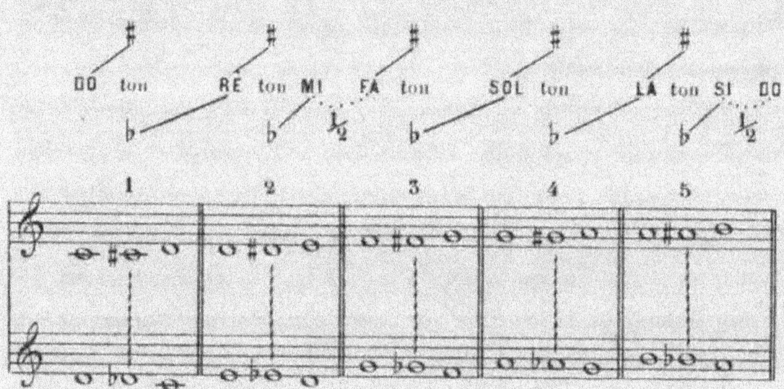

46. La double face c'est-à-dire le rapport qui existe entre deux notes de noms différents, mais appartenant au même son, est nommée ENHARMONIE ou SYNONYMIE et les sons qui forment l'enharmonie sont dits SONS ENHARMONIQUES.

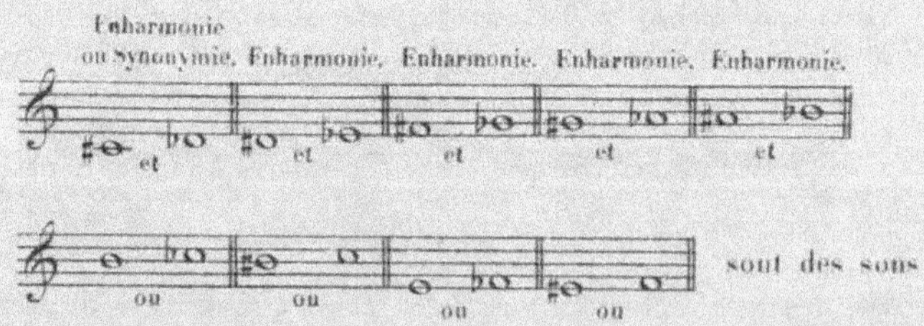

sont des sons enharmoniques, parce qu'ils expriment le même son et s'exécutent avec la même touche au clavier.

47. Les cinq sons intermédiaires diésés et enharmoniques des sous bémolisés correspondants forment une nouvelle gamme, qu'on appelle **GAMME CHROMATIQUE**.

Cette gamme, composée de treize sons dans l'étendue de l'octave, est une succession de **DOUZE DEMI-TONS**, dont sept diatoniques et cinq chromatiques.

En montant, on la note par dièses et en descendant par bémols.

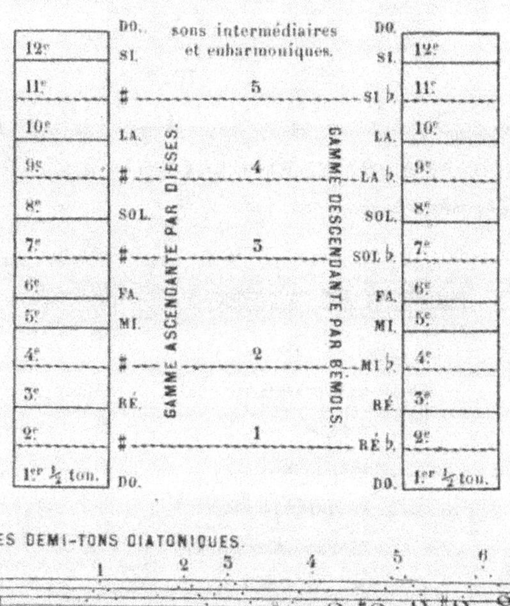

48. Les altérations doubles ne sont formulées que lorsque les altérations simples ont déjà été employées. Ainsi quand il est nécessaire d'é-
lever d'un demi-ton une note déjà diésée, on emploie le DOUBLE-DIÈSE
(𝄪 ou x) ou de baisser d'un demi-ton une note déjà bémolisée, on la fait
précéder du DOUBLE-BÉMOL (♭♭)

Le double-dièse hausse de deux demi-tons ou d'un ton, et le double-
bémol baisse de deux demi-tons ou d'un ton.

ALTÉRATIONS DOUBLES.

49. Une note quelconque, sans changer de position, peut exprimer
cinq sons différents, dont un naturel, un diésé, un double diésé, un bémolisé, un double bémolisé.

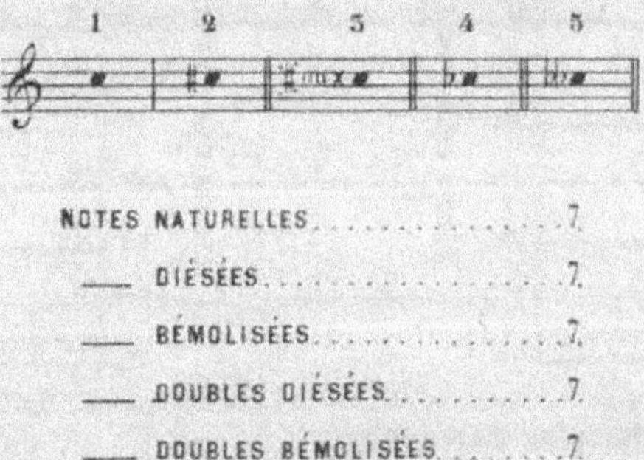

NOTES NATURELLES . . . . 7.

—— DIÉSÉES . . . . 7.

—— BÉMOLISÉES . . . . 7.

—— DOUBLES DIÉSÉES . . . . 7.

—— DOUBLES BÉMOLISÉES . . . . 7.

50 Toutes ces notes se réduisent à douze sons et peuvent se succéder en trois genres: le DIATONIQUE, le CHROMATIQUE, et l'ENHARMONIQUE.
Les successions les plus fréquentes sont les diatoniques et les chromatiques.

NOTA. Les notes enharmoniques ou synonymes, qui expriment un même son, sont
divisées en deux demi-tons égaux et désignées sous le nom de *tempérament*.

3.ᵉ QUESTIONNAIRE.

INTONATIONS SUR LE DIÈSE ET SUR LE BÉMOL.

(Préparation vocale)

7
8
Nº 17.
A
B

C
Nº 18.
A

B
C
N° 19.

N.° 20.

N° 21.
A
B

N.º 22.

CHAPITRE 4.

THÉORIE GÉNÉRALE DES MESURES. LE POINT DE PROLONGATION. LA LIAISON. LA SYNCOPE.
LA DIVISION DU TEMPS. EXERCICES PRATIQUES SUR LA DIVISION BINAIRE ET TERNAIRE.

51. Les trois espèces de mesures, dont l'unité de temps de chacune d'elles est partagée en groupes de deux demies ou de trois tiers, se divisent en MESURES BINAIRES et en MESURES TERNAIRES. (On les désigne aussi sous le nom de mesures simples et de mesures composées.)

52. Le seul signe qui caractérise les binaires des ternaires est le point.

53. La mesure binaire est celle qui partage l'unité en deux demies ou celle dont la somme des valeurs, formant chaque temps égale un signe de valeur simple. (ronde, blanche, noire ou une croche).

54. La mesure ternaire est celle qui partage l'unité en trois tiers ou celle dont la somme des valeurs, formant chaque temps égale un signe de valeur pointée. (ronde pointée, blanche pointée, noire pointée ou une croche pointée).

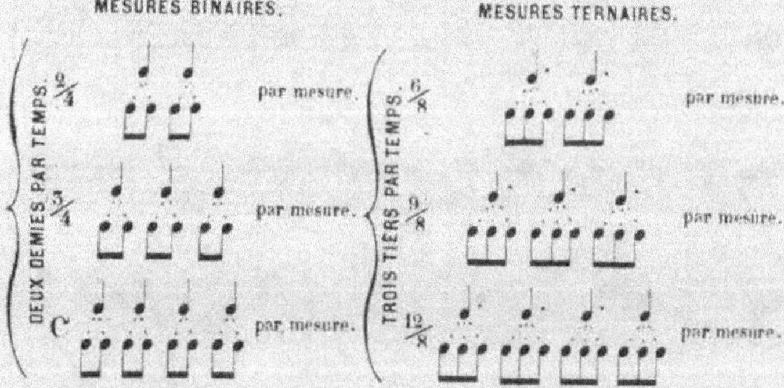

55. A chaque mesure binaire correspond une mesure ternaire. Les chiffres indicateurs de chacune des mesures se posent en tête du morceau de musique; le chiffre supérieur indique la quantité de valeurs par mesure, et le chiffre inférieur marque la qualité de ces valeurs.

56. Les mesures du tableau ci-dessus sont les plus usitées dans la musique moderne, y compris celle à $\frac{3}{8}$, ayant une croche par temps

LES BINAIRES

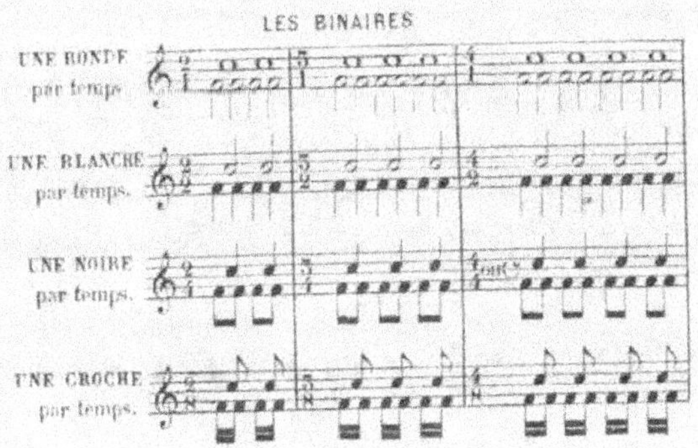

LES TERNAIRES.

57. LE POINT DE PROLONGATION est un signe (·) que l'on place à la suite d'une note qui augmente la durée de cette note de la moitié de sa valeur.

58. On emploie aussi un second point après le premier; le second point vaut la moitié du premier.

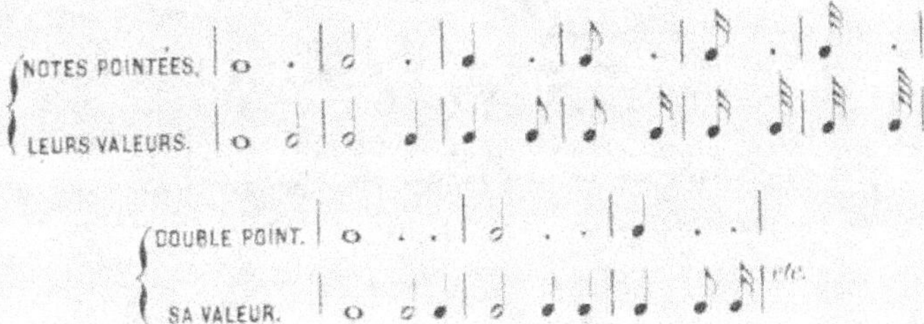

50

59. LA LIAISON, comme signe de durée, est une courbe qui unit deux notes de même son.

60. La liaison est désignée sous le nom de syncope (coupure), quand elle unit deux notes dont l'une commence sur le temps faible et se prolonge sur le temps fort.

61. La syncope est régulière ou ordinaire, quand elle se compose de deux valeurs égales; et elle est irrégulière ou brisée, quand la seconde valeur est moindre que la première.

62. La liaison ⌒ prend le nom de COULÉ, quand elle exprime une seule émission de voix pour toutes les notes qu'elle lie.

63. La division du temps peut se présenter sous deux formes: par une barre, — qui unit les deux moitiés, ou par deux barres séparées.

Ces moitiés d'unités en notes peuvent être représentées par le signe de silence de chacune d'elles.

4ᵉ QUESTIONNAIRE.

EXERCICES PRÉPARATOIRES SUR LA DIVISION DU TEMPS.

(DIVISION BINAIRE).

6
1. 2. — 1. 2. — 1. 2. — 1. 2.
1. 2. — 1. 2. — 1. 2. — 1. 2.
7
8
1
1 2 3 12 3
2
1. 2. — 3. 1. 2. 3. 1. 2. — 3. 1. 2. 3.
1. 2. — 3. 1. 2. 3. 1. 2. — 3. 1. 2. 3.

3
4
5
6
7

247.

5
6
7
8
Nº 23.

Nᵒ 24.

N° 25.

N° 26.
A
B

Nº 27.

N°28.
A

N° 29.
A
B

N° 30.

Nº. 31.

N.º 32.

EXERCICES PRÉPARATOIRES SUR LA DIVISION TERNAIRE.

5.
1.
2.
3.
4.
5.
6.
1. 2. 3.   1. 2. 3.   1. 2. 3.   1. 2. 3.

1.
1. 2. 3. 4.   1. 2. 3. 4.   1. 2. 3. 4.   1. 2. 3. 4.
2.
3.
4.
N.º 33.

N.° 34.

Nᵒ. 35.

N.° 36.

EXERCICES PRÉPARATOIRES DE VOCALISATION.

CHAPITRE 5.°

FORMATION DES GAMMES. ARMURES DES CLÉS.
NOTES TONALES ET NOTES MODALES. TABLEAU DES TONALITÉS.

---

64. La gamme diatonique est la base du système de la musique moderne. Sa constitution est une succession invariable de 2 tons, d'un $\frac{1}{2}$ ton, de 3 tons et d'un $\frac{1}{2}$ ton.

La disposition des sons, ainsi répartis, prend le nom de mode, (manière d'être) qu'on qualifie de mode majeur ou simplement gamme majeure.

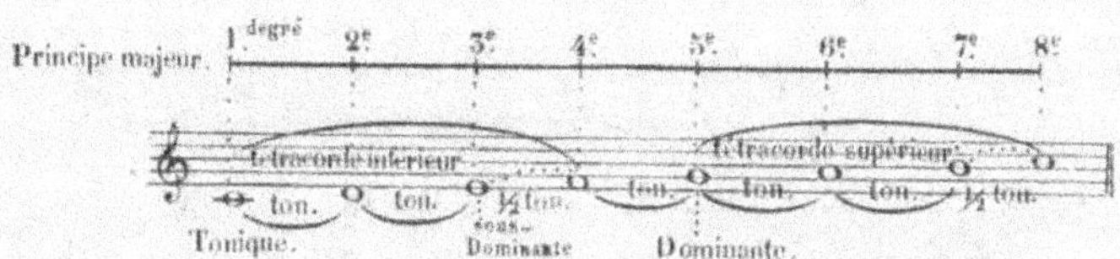

65. La répartition des tons et des demi-tons, existant naturellement entre les degrés primordiaux Do, Ré, Mi, Fa, Sol, La, Si, Do, constitue la gamme du ton de do, qu'on appelle communément la GAMME MODÈLE de do.

66. Les degrés naturels, y compris les cinq degrés intermédiaires do♯, ré♯, fa♯, sol♯, la♯, ou leurs enharmoniques ré♭, mi♭, sol♭, la♭, si♭, peuvent devenir chacun la TONIQUE (1.re note), d'une nouvelle gamme, à la condition de disposer les sons dans le rapport indiqué par la gamme-modèle.

67. Le point de départ à la formation de la 1.re gamme par dièses, commence par la dominante Sol, qui est la principale note du 2.e tétracorde de la gamme de Do.

La gamme de Sol, par suite de la disposition des sons d'après la gamme modèle, amène un son nouveau dans son tétracorde supérieur. Ce nouveau son emprunté à la gamme chromatique devient la sensible de la gamme de Sol.

Toutes les autres gammes prennent successivement pour Toniques respectives les dominantes des gammes qui les précèdent, et se succèdent par progression ascendante de quinte en quinte.

QUINTES ASCENDANTES.

DO — SOL; SOL — RÉ; RÉ — LA; LA — MI; MI — SI; SI — FA♯; FA♯ — DO♯.
quinte ascendante.   1.   2.   3.   4.   5.   6.   7.

68. La gamme de Do est également la gamme modèle pour la formation des gammes par bémols.

69. La sous-dominante de la gamme de Do est la Tonique de la 1ʳᵉ gamme par bémols.

Le nouveau son, Si♭, que cette gamme amène dans son tétracorde inférieur est emprunté à la gamme chromatique. Les autres gammes prennent pour Toniques les sous-dominantes des gammes qui les précèdent, et se succèdent par progression descendante de quinte en quinte.

QUINTES DESCENDANTES.

DO — FA; FA — SI♭; SI♭ — MI♭; MI♭ — LA♭; LA♭ — RÉ♭; RÉ♭ — SOL♭; SOL♭ — DO♭.
quinte descendante.   1.   2.   3.   4.   5.   6.   7.

70. Toutes les gammes du tableau ci-dessous présentent une identité parfaite avec la gamme modèle de Do, et reproduisent invariablement l'air type do, ré, mi, fa, sol, la, si, do, sur des toniques plus aigües ou plus graves.

TABLEAU DES GAMMES AVEC LES DIÈSES ET LES BÉMOLS.

74. Ou place les dièses et les bémols dans leur ordre de succession, après la clé sur les lignes ou dans les lignes des notes qu'ils altèrent; c'est ce qu'on appelle armer la clé.

72. La seconde gamme diatonique, qui diffère de la première par le déplacement des sons qui la constituent, est qualifiée de gamme du mode mineur, ou simplement de gamme mineure.

Cette gamme, étant sujette à quelques modifications dans sa partie supérieure, se fait de deux manières savoir: avec trois demi-tons, en montant comme en descendant, dont le premier est placé du 2ᵉ au 3ᵉ degré; le deuxième du 5ᵉ au 6ᵉ, et le troisième du 7ᵉ au 8ᵉ degré.

73. La seconde manière se fait avec deux demi-tons, dont le premier est placé du 2ᵉ au 3ᵉ degré; le deuxième du 7ᵉ au 8ᵉ degré, dans la gamme ascendante et dans la gamme descendante, le deuxième est placé du 6ᵉ au 5ᵉ degré, et le premier du 3ᵉ au 2ᵉ degré.

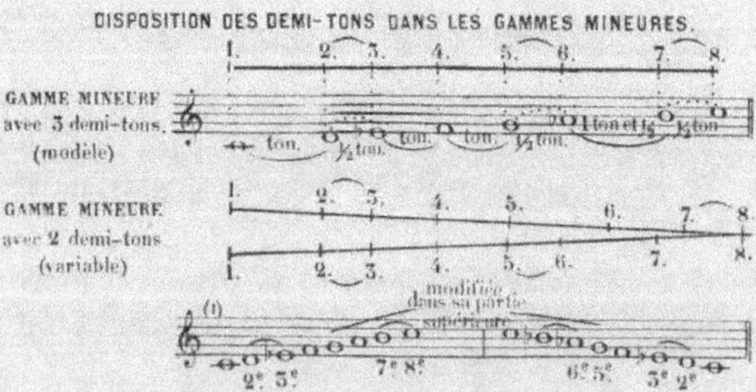

<hr>

(4) L'intervalle de seconde augmentée (un ton et demi) qui existe du 6ᵉ au 7ᵉ degré, 1ʳᵉ gamme mineure, est généralement d'intonation difficile et dur à l'oreille. Pour le rendre plus doux et plus vocal, on a cru y remédier, en élevant d'un demi-ton accidentel le 6ᵉ degré, pour qu'il soit plus rapproché de la sensible. (Seconde manière de faire la gamme mineure)

74. Les notes caractéristiques, qui déterminent le mode mineur, sont principalement la tierce, la sixième et rarement la 7.ᵉ note. On les nomme notes modales (variables).

Les notes sur le 1.ᵉʳ 4.ᵉ et 5.ᵉ degré se qualifient notes tonales (invariables).

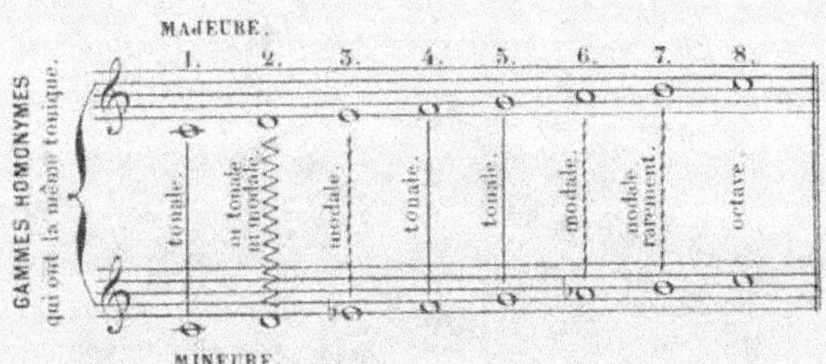

75. Les notes tonales établissent le ton ou la tonalité, et les notes modales déterminent le mode.

76. Toute gamme majeure renferme les éléments d'une gamme mineure dont elle ne diffère que par une seule note.

EX.

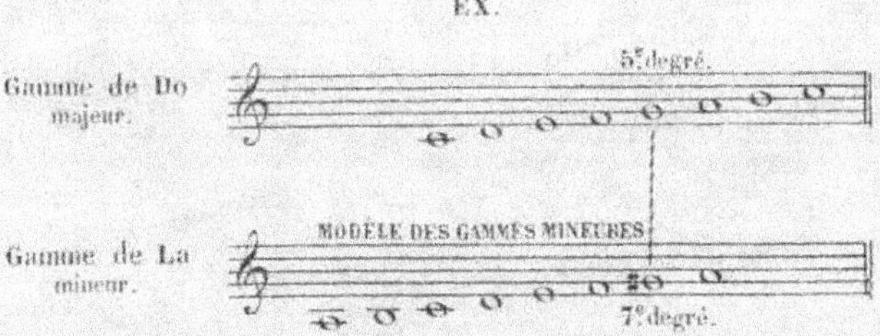

77. Ces deux gammes, avec leurs six notes communes, sont dites GAMMES RELATIVES et leurs toniques ne sont séparées que par un intervalle de tierce mineure.

78. L'armure de la clé est commune aux gammes relatives, c.à.d. que les gammes mineures portent le même nombre de dièses ou de bémols que les gammes majeures dont elles procèdent.

79. La gamme de Do majeur est la gamme-modèle des gammes majeures, et la gamme de La mineur est la gamme-modèle des gammes mineures.

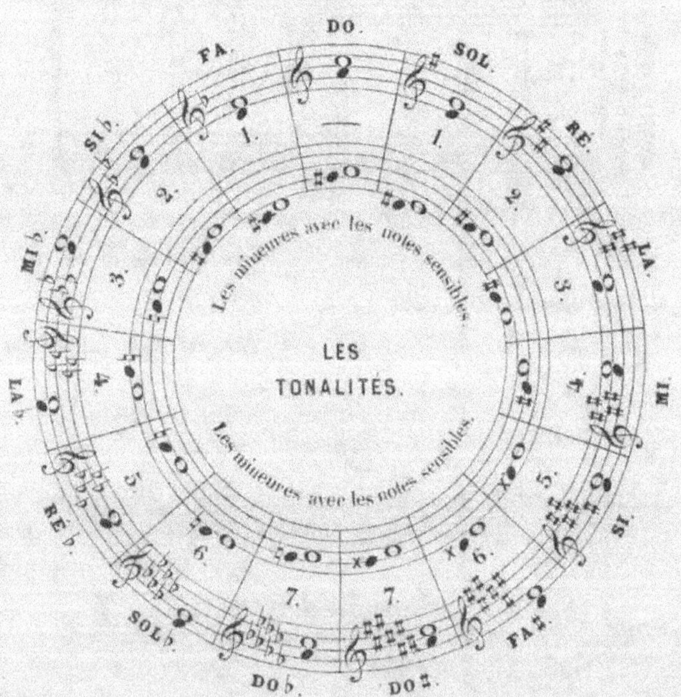

NOTE.

80. Sous le nom de tonalité, on comprend généralement l'ensemble des sons de la gamme. Les mots MAJEUR et MINEUR sont des qualificatifs, qui déterminent la manière d'être de la gamme diatonique.

Etre dans le ton de Do, de Sol, de La, etc. signifie les sons des gammes de Do, de Sol, de La, etc. et que la musique est composée au moyen de ces sons appartenant aux gammes respectives.

La figure ci-contre reproduit clairement les tons majeurs qui se succèdent de dominante en dominante dans la portée extérieure, et les tons relatifs mineurs, avec leurs sensibles, qui se succèdent aussi de dominante en dominante dans la portée intérieure.

L'armure des tons majeurs (portée extérieure) est celle des tons relatifs mineurs qui ne sont séparés des majeurs que par l'intervalle de tierce mineure.

Pour connaître le ton d'un morceau quelconque, il faut avoir recours aux accidents de la clé (dièses ou bémols) et à la TONIQUE QUI TERMINE PRESQUE TOUJOURS LE MORCEAU.

On peut encore reconnaître le ton d'un morceau par l'analyse des phrases mélodiques et les accords qui les accompagnent; mais, pour cela, il faut des connaissances d'harmonie.

Un morceau dans lequel figurent deux dièses à la clé, peut être dans le ton majeur ou dans le ton mineur, puisque l'armure est commune aux deux modes. Si la tonique (note finale) est Ré, le morceau est dans le ton majeur de Ré, et si la tonique est Si (relative de Ré), le morceau est en Si mineur. Ce procédé est le même pour tous les autres tons.

5.ᵉ QUESTIONNAIRE.

Quels sont les tons relatifs mineurs des tons majeurs Sol, La, Si♭, Fa?

Combien y a-t-il d'accidents dans les tons de La♭, Si, Fa♯, Ré♭?

Qu'est-ce que le ton de Ré mineur par rapport à Fa majeur?

Quelles sont les sensibles des tons mineurs de La, de Si, de Mi?

Quels sont les tons voisins majeurs de Do, de Sol, de Fa?

Qu'est-ce que l'on entend par tonalité?

Quelle est la signification des mots majeur et mineur?

Qu'est-ce que l'on entend par être dans le ton de Do, de Sol?

Comment reconnaît-on généralement le ton d'un morceau?

Quelles sont les toniques avec trois dièses à la clé?

Celles avec trois bémols?

Avec un bémol à la clé quel pourrait être le ton du morceau?

Dites les trois sensibles des tons mineurs Sol♯, Ré♯, La♯?

Voir la figure des tonalités.

DES VOIX.

81. Les voix humaines se divisent en deux séries, savoir: les voix d'hommes et les voix de femmes ou d'enfants.

82. Chaque série se divise en voix aigües et en voix graves.

TABLEAU DE LA CLASSIFICATION DES VOIX.

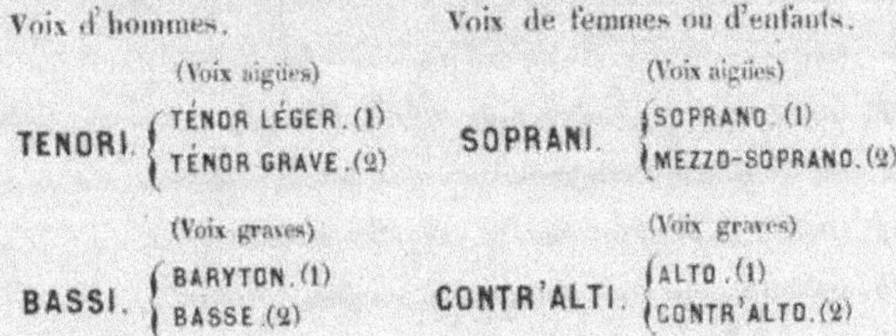

Chacune de ces voix a une étendue de treize notes successives.

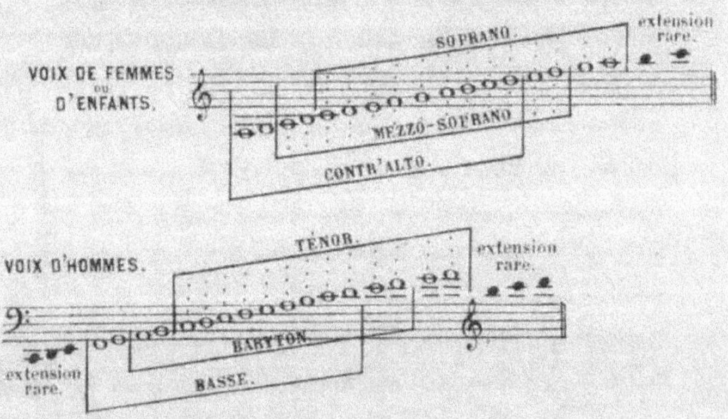

83. Toutes les voix de femmes ou d'enfants et les voix de Tenori s'écrivent sur la clé de Sol, 2e ligne, et les Bassi sur la clé de Fa, 4e ligne. L'étendue de chaque espèce de voix qui est aussi appelée DIAPASON, commence une tierce au-dessous de la voix inférieure.

84. Les femmes ou enfants chantent une octave plus haut que les voix d'hommes.

85. On appelle MOUVEMENT le degré de lenteur ou de vitesse avec lequel on bat la mesure.

86. La variété du mouvement est indiquée par des termes italiens que l'on place au commencement du morceau de musique.

Voici le tableau des mouvements les plus usités.

MOUVEMENTS PRINCIPAUX.

Largo . . . . *très-lent, large.*
Larghetto. . . . . *moins lent que large.*
Lento . . . . *lent.*
Adagio . . . . *moins lent que lento.*
Andante. . . . . *posément.*
Andantino. . . . . *moins posément.*
Allegretto . . . . *un peu gai.*
Allegro . . . . *gai, vif.*
Presto. . . . . *preste, vite.*
Prestissimo. . . . . *très vite.*

TERMES QUI MODIFIENT LES MOUVEMENTS.

Affettuoso . . . . *affectueux.*
Agitato. . . . . *agité.*
Risoluto. . . . . *résolu.*
Moderato . . . . *modéré.*
Maestoso. . . . . *majestueux.*
Sostenuto . . . . *soutenu.*
Vivace . . . . *vivement.*
Grazioso. . . . . *gracieux.*
Con fuoco. . . . . *avec feu.*
Con espressione . . . . . . *avec expression.*
Cantabile. . . . . *chantant.*
Con moto . . . . *avec mouvement.*

87. Pour déterminer avec précision les plus petites différences de vitesse, on se sert du MÉTRONOME, inventé par Maëlzel. Cet instrument d'horlogerie se compose d'un balancier enfermé dans une boîte pyramidale et d'une échelle numérotée, depuis 40 jusqu'à 208. Chaque numéro de l'échelle indique le nombre d'oscillations exécutées par le pendule en une minute, lorsque le curseur mobile est sur ce nombre.

Un morceau de musique en tête duquel se trouve: M . ♩ = 60, signifie qu'il faut placer le curseur sur le nombre 60 et que la durée d'une oscillation est alors d'une seconde et d'une blanche c.à.d. 60 oscillations, 60 ♩ par minute, etc. etc. pour les autres indications.

88. Le signe ⌢ sur une note se nomme point de repos ou point d'orgue.

89. L'intensité des sons est aussi exprimée par des signes italiens.

Pianissimo. . *(PP)*. . . .*très doux.*

Piano. . . . . . . *(P)*. . . . *doux.*

Mezzo forte. . *(mf)*. . . . *moitié fort.*

Forte. . . . . *(f)* . . . *fort.*

Fortissimo. . . *(ff)* . . . *très fort.*

Le passage graduel du piano au forte s'exprime par ces mots:

Crescendo ou cresc.   *en augmentant.*

Decrescendo ou decresc.   *en diminuant.*

DES MODULATIONS DANS LES TONS RELATIFS.

90. Les six notes communes à deux gammes de modes différents, deviennent successivement les fondamentales de nouvelles tonalités, par lesquelles une composition quelconque acquiert de l'étendue, des formes variantes et des modifications mélodiques ou harmoniques.

91. Un ton, outre son relatif mineur, peut être lié à quatre autres tons secondaires, qu'on nomme TONS ANALOGUES ou RELATIFS à cause du rapport direct qu'ils ont avec le ton principal.

EX:

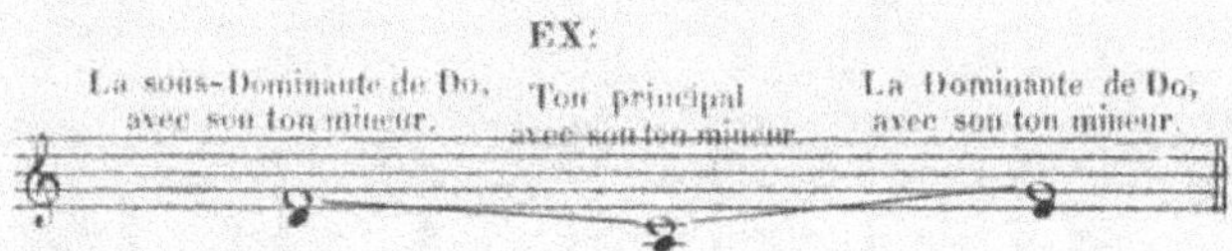

92. Fa, la sous-Dominante, Sol, la Dominante, sont les deux notes caractéristiques, qui forment avec le ton principal Do les trois accords majeurs du système diatonique.

93. Les relatifs de ces trois tons sont: LA mineur du ton de Do; MI mineur du ton de Sol, et RÉ mineur du ton de Fa: en somme les six notes communes des deux modes.

94. On peut donc passer directement du ton principal à son relatif, dans les tons de la Dominante et de la sous-Dominante, et de ces derniers dans leurs relatifs respectifs.

95. PASSER d'un ton à un autre signifie: MODULER dans un ton voisin, et le PASSAGE d'un ton à un autre se désigne sous le nom de MODULATION.

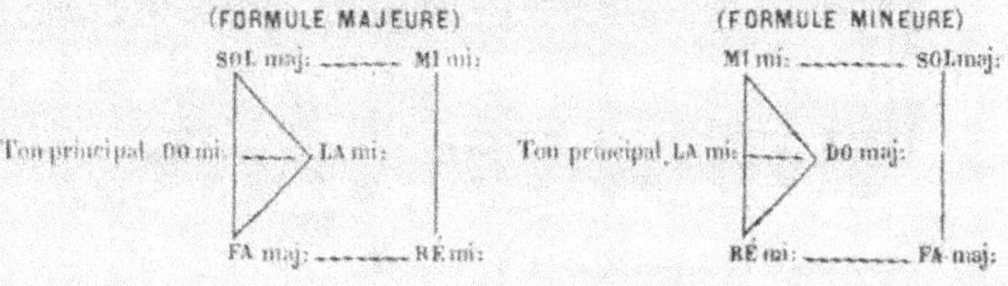

EXERCICES A DEUX VOIX
précédés de dix leçons préparatoires[1]

(1) On solfiera les leçons avant de les vocaliser.

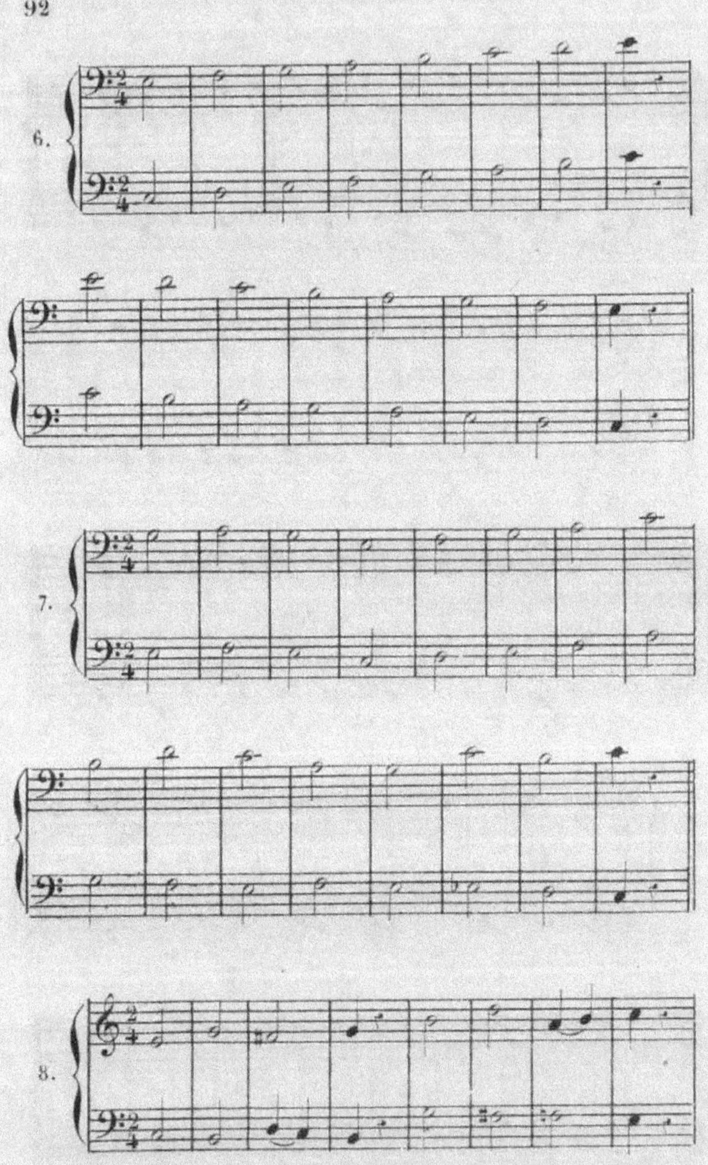

9.
10.

Allo. marcato.
No. 37.
p
f
p
A
mf
f
B
mf
en Sol

C
f
retour en Do.
p
D
diminuendo.

Allegro

N°. 38.

p
C
mf
f
rall.

D
f retour.
p
f
p
mf
All.º moderato.
Nº 39.
A
en Sol.

B
retour en Do.
C
en La mineur.
D
retour en Do.
Allegro.
N.º 40.
f
½ ton chromatique
idem.

A
en Si♭
B
en Sol mineur.
retour
en Fa.
C
Andante.
mf   ben legato
Nº 41.
2/4
2/4

s. P.

p
mf
p
FIN.
pp

recommencez
au Signe.
Andante.
N.º 42.
p
ƒp
dimi.
ƒ
mf

dolce.
p

p
p
pp
Moderato.
Nº 43.
3
4

247.

Allº moderato.
Nº 44.
A
B
C
D

Andante.
N.° 45.
p

Allⁿ moderato.
Nº 46.
f
A

217.

No. 47.
Allegro.
f staccato.
p

A
B
ff
rall.

C
p
p
rall.
Allegro.
N.º 48.
ben marcato.
A

B
en Do
C
retour en La mineur.
D

Vivace.
N.º 49.
f
p
mf
en Sol.
A
f
p
B
f
C
mf
p

Allegro.
Nº 50.

B
p en Sol maj:
B
mf
C
f
D

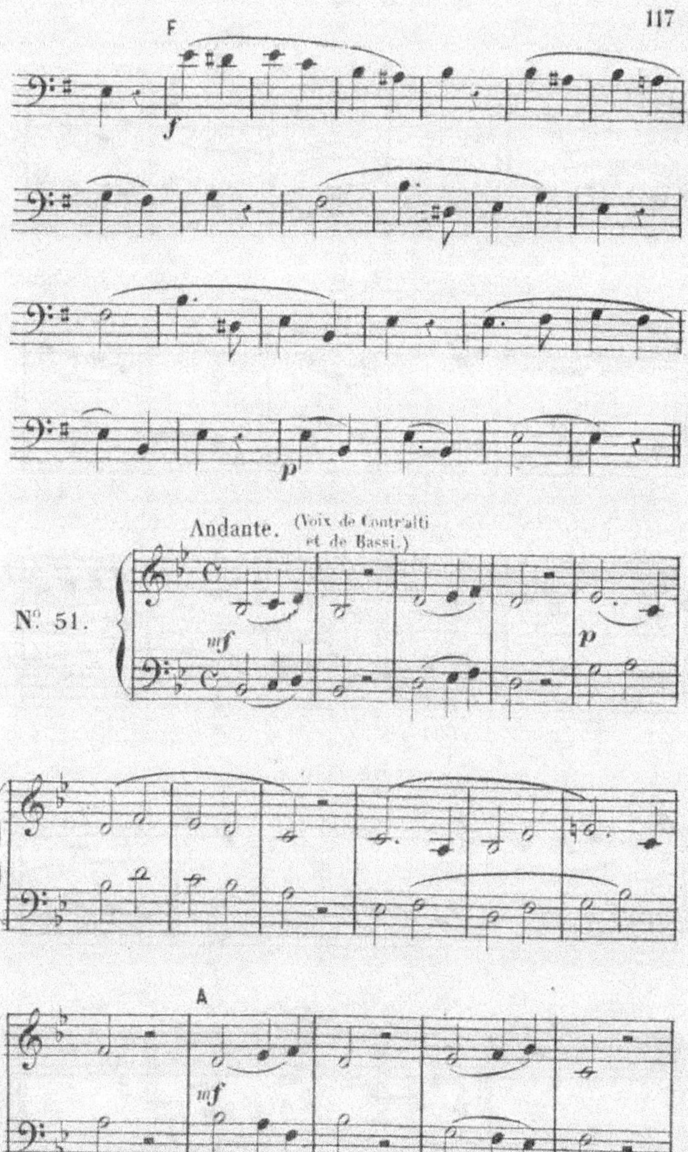
F
f
p
Andante. (Voix de Contralti
et de Bassi.)
N.º 51.
mf
p
mf
A

B
mf
C
rall.
p
pp

(¹) Triolet, trois notes tenant la place de deux.

120

Andante.

Andante.
N°. 55.
Homonyme mineur.

retour
Allo moderato.
No 56.
p
en Sol maj:
retour en Mi min:

Allegro.
N.° 57
6 8
f
pp
p
f
1.re fois.
P.r finir.
FIN
p
p
S.

Allegretto.
N.º 58.
p
f
f
A
p
f

B
p
f
ff
p

f
ff
p
Allegretto.
mf
N° 59
f

A
f
B
f

C
ff
ten.
ff
dim.
pp

TABLE DES MATIÈRES.

CHAPITRE 1.er

CHAPITRE 2.e

CHAPITRE 3.e

CHAPITRE 4.e

THÉORIE GÉNÉRALE DES MESURES.

CHAPITRE 5.e